中国工程建设标准化协会标准

公路路面表面质量检测与评定标准

Inspection and Assessment Standards for Highway Pavement Surface Quality

T/CECS G:J41-03—2025

主编单位:招商局重庆交通科研设计院有限公司
        招商局公路信息技术(重庆)有限公司
发布机构:中国工程建设标准化协会
实施日期:2025 年 08 月 01 日

人民交通出版社
北京

图书在版编目(CIP)数据

公路路面表面质量检测与评定标准 / 招商局重庆交通科研设计院有限公司,招商局公路信息技术(重庆)有限公司主编. — 北京:人民交通出版社股份有限公司,2025. 8. — ISBN 978-7-114-20705-1

Ⅰ. U416.2

中国国家版本馆 CIP 数据核字第 20251B5D17 号

标准类型:**中国工程建设标准化协会标准**

标准名称:**公路路面表面质量检测与评定标准**

标准编号:**T/CECS G:J41-03—2025**

主编单位:招商局重庆交通科研设计院有限公司
招商局公路信息技术(重庆)有限公司

责任编辑:李　沛

责任校对:龙　雪

责任印制:张　凯

出版发行:人民交通出版社

地　　址:(100011)北京市朝阳区安定门外外馆斜街 3 号

网　　址:http://www.ccpcl.com.cn

销售电话:(010)85285857

总 经 销:人民交通出版社发行部

经　　销:各地新华书店

印　　刷:北京交通印务有限公司

开　　本:880×1230　1/16

印　　张:1.75

字　　数:36 千

版　　次:2025 年 8 月　第 1 版

印　　次:2025 年 8 月　第 1 次印刷

书　　号:ISBN 978-7-114-20705-1

定　　价:50.00 元

(有印刷、装订质量问题的图书,由本社负责调换)

中国工程建设标准化协会
公 告

第 2366 号

关于发布《公路路面表面质量检测与评定标准》的公告

根据中国工程建设标准化协会《关于印发〈2020 年第一批协会标准制订、修订计划〉的通知》（建标协字〔2020〕14 号）的要求，由招商局重庆交通科研设计院有限公司、招商局公路信息技术（重庆）有限公司等单位编制的《公路路面表面质量检测与评定标准》，经协会公路分会组织审查，现批准发布，编号为 T/CECS G：J41-03—2025，自 2025 年 8 月 1 日起施行。

中国工程建设标准化协会

二〇二五年三月十六日

前　言

根据中国工程建设标准化协会《关于印发〈2020 年第一批协会标准制订、修订计划〉的通知》(建标协字〔2020〕14 号)的要求,由招商局重庆交通科研设计院有限公司和招商局公路信息技术(重庆)有限公司承担《公路路面表面质量检测与评定标准》(以下简称"本标准")的制定工作。

编写组总结了国内外公路路面检测、评定经验和相关科研成果,进行了专题研究和实地验证,广泛听取了行业内外的意见和建议,以完善和提升公路路面质量快速检测和评定技术为目标,完成了本标准的编制工作。

本标准分为 5 章和 6 个附录,主要内容包括:1 总则、2 术语和符号、3 设备要求、4 公路路面表面质量检测、5 公路路面表面质量评定,附录 A 颠簸度仪等速重复性试验方法、附录 B 颠簸度仪不同速度重复性试验方法、附录 C 路噪度仪等速重复性试验方法、附录 D 路噪度仪不同速度重复性试验方法、附录 E 路面表面质量评定明细表、附录 F 路面表面质量评定汇总表。

请注意本标准的某些内容可能直接或间接涉及专利,本标准的发布机构不承担识别这些专利的责任。

本标准基于通用的工程建设理论及原则编制,适用于本标准提出的应用条件。对于某些特定专项应用条件,使用本标准相关条文时,应对适用性及有效性进行验证。

本标准由中国工程建设标准化协会公路分会归口管理,由招商局重庆交通科研设计院有限公司和招商局公路信息技术(重庆)有限公司负责具体技术内容的解释。在执行过程中如有意见或建议,请函告本标准日常管理组,中国工程建设标准化协会公路分会(地址:北京市海淀区西土城路 8 号;邮编:100088;电话:010- 62079839;传真:010- 62079983;电子邮箱:shc@ rioh. cn),或张东长(地址:重庆市南岸区学府大道 33 号招商局重庆交通科研设计院有限公司;邮编:400060;电话:023-62653091;传真:023-62653091;电子邮箱:zhangdongchang@ cmhk. com),以便修订时研用。

主 编 单 位:招商局重庆交通科研设计院有限公司
　　　　　　招商局公路信息技术(重庆)有限公司
参 编 单 位:浙江温州甬台温高速公路有限公司
　　　　　　武汉大学
　　　　　　重庆铁发遂渝高速公路有限公司
　　　　　　河南万里交通科技集团股份有限公司

主　　　　编：张东长　章一颖

主要参编人员：李林波　张　华　刘　昊　高　博　陈舟宇　毛庆洲

雪彦鹏　胡晓阳　徐正卫　刘晓江　闫兆柏　蒋礼勇

蔡文才　王进勇　罗小云　李小东　赖思静　谭　勇

侯晓宁　李景玉　叶　伟　罗琳玲　杨亚星

主　　　　审：韩　萍

参与审查人员：郝培文　郜玉兰　蒙　华　朱洪洲　陈　景　李　强

王　慧　刘全涛　吴有铭

目　　次

1　总　则

1.0.1　为综合检测与评定公路路面表面质量,促进公路路面快速检测与评定技术的规范化,制定本标准。

1.0.2　本标准适用于各等级公路路面表面质量检测与评定。

条文说明

　　本标准可作为《公路技术状况评定标准》(JTG 5210—2018)的补充检测手段,对拟评定的路段加大抽查范围(车道)与频度,以提高路面表面质量评定的准确度;评定结果可作为公路养护管理、交竣工验收、养护工程或改建工程前期工作[工程预可行性研究(项目建议书)、工程可行性研究]、工程设计等的依据。

1.0.3　公路路面表面质量应根据路面表面质量指数进行评定,路面表面质量指数应通过颠簸指数和路噪指数计算。

条文说明

　　采用颠簸度仪和路噪度仪检测得出颠簸度和路噪度,结合公路等级系数计算出颠簸指数和路噪指数,综合计算得出路面表面质量指数,如图 1-1 所示。

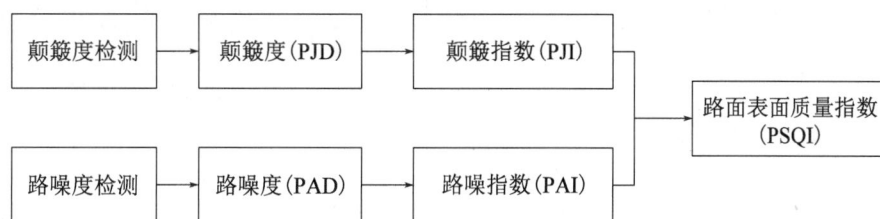

图 1-1　路面表面质量检测评定指标体系

1.0.4　公路路面表面质量检测与评定除应符合本标准的规定外,尚应符合国家和行业现行有关标准的规定。

2 术语和符号

2.1 术语

2.1.1 路面表面质量指数 pavement surface quality index
用于综合评定路面变形、破损及表面磨耗的指标，由颠簸指数和路噪指数构成。

2.1.2 颠簸度 pavement jolt degree
由轮胎-路面耦合造成的轮胎内部压力变化来反映路面变形和破损程度，用特定频域范围内胎压变化量的均方值表示。

2.1.3 路噪度 pavement acoustic degree
由轮胎-路面耦合声音信号来反映路面破损和表面磨耗程度，用特定频域范围内声压围成的包络面积表示。

2.1.4 颠簸指数 pavement jolt index
用于评价路面变形和破损程度的指标，通过颠簸度和公路等级系数综合计算得出。

2.1.5 路噪指数 pavement acoustic index
用于评价路面破损和表面磨耗程度的指标，通过路噪度和公路等级系数综合计算得出。

2.2 符号

PAD——路噪度；
PAI——路噪指数；
PJD——颠簸度；
PJI——颠簸指数；
PSQI——路面表面质量指数。

3 设备要求

3.0.1 公路路面表面质量检测设备应由检测车辆、颠簸度仪、温度计、路噪度仪、距离测量与定位设备、计算机处理系统等组成。

3.0.2 颠簸度仪、温度计、路噪度仪、距离测量与定位设备应按国家有关规定进行检定，并应按本标准的规定进行校准。

3.0.3 检测车辆应符合下列规定：

    1 检测车辆车身应采用非承载式，车辆后悬挂应采用纵置钢板弹簧非独立悬架；发动机应采用4缸涡轮增压发动机；检测时车辆、人员、设备总质量应在2 100kg ± 100kg范围内。

    2 检测用轮胎应采用型号为245/70 R17 110T的轮胎，胎面花纹应为混合花纹，如图3.0.3所示，轮胎充气压力应在240kPa × (1 ± 3%)范围内，轮胎充压气体应采用氮气或干空气。首次检测前，新轮胎应在公路上行驶不少于100km。

图3.0.3 轮胎花纹

条文说明

    轮胎型号的含义见《轿车轮胎规格、尺寸、气压与负荷》(GB/T 2978—2024)。

3.0.4 颠簸度仪应符合下列规定：

    1 动态胎压传感器分辨率应不低于0.000 1kPa；灵敏度应不低于700mV/kPa；最大量程应不低于65kPa；最小采集频率应不小于50kHz。

    2 动态胎压传感器应安装于车辆右后轮气门嘴处。

3　颠簸度仪校准有效期为 3 个月,满足下列条件之一时应进行校准：

1）设备安装完成后；

2）检测累计里程达到 1 000km；

3）设备维修后。

4　颠簸度仪校准应满足表 3.0.4 的要求。

表 3.0.4　颠簸度仪校准要求

校准项目	误差或变异系数	校准方法
灵敏度	幅值灵敏度允许误差 $\delta_k(f_i) \leqslant 6\%$	《动态压力传感器检定规程》(JJG 624)
等速重复性	变异系数 $C_v \leqslant 5\%$	本标准附录 A
不同速度重复性	误差 $I_v \leqslant 5\%$	本标准附录 B

3.0.5　温度计测试精度为 1℃,采集频率应不小于 50kHz,应安装在传声器正上方 5～10cm 高度处。

3.0.6　路噪度仪应符合下列规定：

1　传声器应符合现行《测量传声器　第 4 部分:工作标准传声器规范》(GB/T 20441.4)中 WS2F 型的规定。

2　传声器应配防风罩,且牢固固定于车辆右后轮后方,平行于检测路面安装,安装位置应按图 3.0.6 确定。

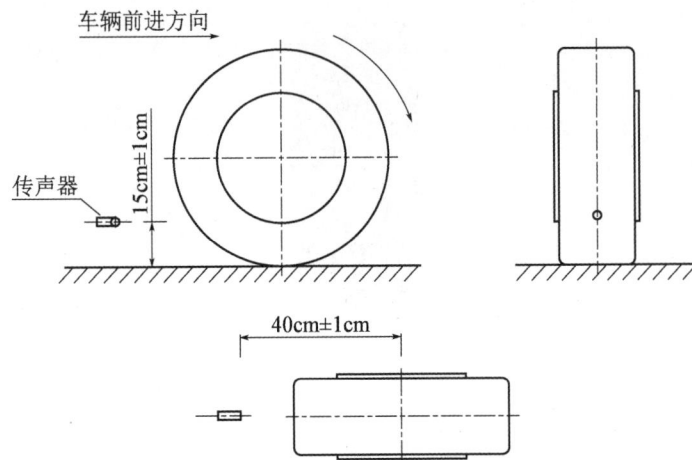

图 3.0.6　传声器安装位置

3　路噪度仪校准有效期为 3 个月,满足下列条件之一时应进行校准：

1）设备安装完成后；

2）检测累计里程达到 1 000km；

3）设备维修后。

4　路噪度仪校准应满足表 3.0.6 的要求。

表 3.0.6 路噪度仪校准要求

校准项目	误差或变异系数		校准方法
灵敏度	校准示值误差为 ±0.3dB		《电声学 声校准器》（GB/T 15173）
频率响应	20～4 000Hz	误差≤0.5dB	《工作标准传声器（耦合腔比较法）检定规程》（JJG 1019）
	5 000Hz	误差≤0.75dB	
	6 300Hz	误差≤1.00dB	
	8 000Hz	误差≤1.25dB	
	10 000Hz	误差≤1.50dB	
	12 500Hz	误差≤1.75dB	
	16 000Hz	误差≤2.00dB	
等速重复性	变异系数 C_v≤5%		本标准附录 C
不同速度重复性	误差 I_v≤5%		本标准附录 D

3.0.7 距离测量与定位设备应符合现行《公路路面技术状况自动化检测规程》（JTG/T E61）的有关规定。

3.0.8 计算机处理系统应符合下列规定：

1 计算机处理系统应采用专用工业计算机，其数据存储容量应不小于1TB，CPU运算速度宜不小于2.0GHz，内存容量宜不小于8GB；应能通过移动通信网络进行实时数据传输，数据传输时延应小于3s，数据丢包率应小于0.1%。

2 计算机处理系统搭载的数据自动化处理软件应实现检测过程自动控制和试验数据采集、分析、处理、统计和结果输出；应具有设置路线名称、公路等级、路面类型、路面材料、车道位置、路线编码、起止桩号、检测方向等参数的功能。

3 数据实时传输应加密保护，并应符合现行《信息安全技术 网络数据处理安全要求》（GB/T 41479）的有关规定。

4 公路路面表面质量检测

4.1 一般规定

4.1.1 公路路面表面质量定期检查频率宜为每季度一次,用于经常检查时频率宜为每月一次。

4.1.2 公路路面表面质量宜全幅检测,检测的车道数量应满足表4.1.2的要求。

表4.1.2 公路路面表面质量检测车道数

公路车道数量	至少检测车道数
双向8车道及以上	4个主要车道
双向6车道	4个主要车道
双向4车道	2个主要车道
双向2车道及以下	全部检测

4.1.3 检测环境应符合下列规定:
1 检测路段的路面应清洁干燥。
2 气温宜在0~35℃范围内。

4.2 准备工作

4.2.1 应检查轮胎胎面花纹老化、磨损和变形情况。轮胎花纹磨损深度大于1.0mm或有明显变形时,应予以更换。

4.2.2 应清理轮胎花纹中碎屑和杂物。

4.2.3 应检查轮胎充气压力,压力值应满足本标准第3.0.3条的要求。

4.2.4 应按仪器生产厂的说明书检查动态胎压传感器和传声器。

4.2.5 应提前收集录入检测的路线名称、公路等级、路面类型、路面材料、车道位置、路线编码、起止桩号、检测方向等信息。

4.2.6 检测前应对公路路面表面检测设备测试不少于 3km,并不少于 10min。

4.3 检测技术要求

4.3.1 宜以 100m 为单位对检测数据进行统计并保存。当路面类型、交通量、路面宽度和管养单位等变化时,统计长度可根据实际情况调整。

4.3.2 检测过程中车辆宜保持匀速行驶,行驶速度应控制在 30~100km/h,应尽量避免紧急制动、急转弯或突然加减速等情况;检测车辆应在行驶至检测路段起点前不少于 500m 时启动检测系统程序,在进入拟检测路段前 50m 达到检测速度并保持匀速行驶。

4.3.3 检测过程中应及时准确地将检测路段的起终点和其他需要特殊标记点的位置输入检测数据记录中,并记录异常情况。

4.3.4 检测完毕后应停止数据采集和记录,并恢复仪器各部分至初始状态;应对数据文件完整性进行检查;当理论数据占用空间和实际数据占用空间的差值大于 5% 时,应重新检测。

条文说明

数据完整性检查采用计算理论数据占用空间和实际采集数据占用空间的差值进行,如差值小于或等于 5%,则表明数据完整性合格。例如,采集时间 1h,采集频率 50kHz,则理论数据占用空间为 $1 \times 3\,600 \times 50\,000 = 180\,000\,000B \approx 171.66MB$。

4.4 计算方法

4.4.1 颠簸度 PJD 应按式(4.4.1)计算:

$$PJD = \sqrt{\frac{1}{n} \int_{t_0}^{t_0+\tau} \left\{ f_w \left[P_x + a(T - T_{re}) + b \cdot \lg \frac{v_n}{v_x} \right] \right\}^2 dt} \tag{4.4.1}$$

式中:PJD——颠簸度,精确到 3 位小数;

n——胎压信号采样统计数;

t_0——瞬时时间(s);

τ——胎压信号采样时间间隔(s);

f_w——胎压计权滤波函数;

P_x——v_x 速度下的胎压变化值(kPa);

a——温度修正系数,取值为 0.02kPa/℃;

— 7 —

T——测量时现场实测气温($℃$);

T_{re}——标准气温,取值为 $20℃$;

b——速度修正系数,取值为 $2.79kPa$;

v_n——标准速度,取值为 $80km/h$;

v_x——当前行驶速度(km/h)。

4.4.2 胎压计权滤波函数 f_w 应按式(4.4.2)计算:

$$f_w = W_{lim}(f) \times W_{trans}(f)$$ (4.4.2)

式中:f_w——胎压计权滤波函数;

W_{lim}——频带界限滤波网络;

W_{trans}——特定频段的计权滤波网络。

4.4.3 频带界限滤波网络 W_{lim} 应按式(4.4.3)计算:

$$W_{lim}(f) = \sqrt{\frac{f^4}{f^4 + f_1^4}} \times \sqrt{\frac{f_2^4}{f^4 + f_2^4}}$$ (4.4.3)

式中:W_{lim}——频率 f 上的增益修订值;

f_1——低通截止频率,取值为 $100Hz$;

f_2——高通截止频率,取值为 $400Hz$;

f——动态胎压信号频率(Hz)。

4.4.4 特定频段的计权滤波网络 W_{trans} 应按式(4.4.4)计算:

$$W_{trans}(f) = \sqrt{\frac{f^2 + f_3^2}{f_3^2}} \times \sqrt{\frac{f_4^4 q_4^2}{f^4 q_4^2 + f^2 f_4^2(1 - 2q_4^2) + f_4^4 q_4^2}} \times \frac{q_5}{q_6} \times$$

$$\sqrt{\frac{f^4 q_5^2 + f^2 f_5^2(1 - 2q_5^2) + f_5^4 q_5^2}{f^4 q_2^2 + f^2 f_6^2(1 - 2q_6^2) + f_6^4 q_6^2}}$$ (4.4.4)

式中:W_{trans}——特定频率 f 上的增益修订值;

f_3——转折增益频带界限值,取值为 $12.5Hz$;

f_4——转折增益频带界限值,取值为 $25Hz$;

f_5——转折增益频带界限值,取值为 $2.37Hz$;

f_6——转折增益频带界限值,取值为 $3.38Hz$;

q_4——频率计权参数,取值为 0.63;

q_5——频率计权参数,取值为 0.91;

q_6——频率计权参数,取值为 0.91;

f——动态胎压信号频率(Hz)。

4.4.5 路面颠簸指数 PJI 应按式(4.4.5)计算:

$$PJI = 100 \cdot \alpha \cdot \exp(-\beta \cdot PJD - \gamma) \tag{4.4.5}$$

式中：PJI——颠簸指数，精确到 2 位小数；

α——公路等级系数，对于高速公路和一级公路，取值为 1；对于其他等级公路，取值为 1.13；

β、γ——路面类型系数，β 对于沥青路面取值为 0.019，水泥路面取值为 0.420；γ 对于沥青路面取值为 0.056，水泥路面取值为 0.060。

4.4.6 路噪度 PAD 应按式(4.4.6)计算：

$$PAD = \int_{f_1}^{f_h} PCA\left\{FFT\left[f_w\left(L_x + a(T - T_{re}) + b \cdot \lg\frac{v_n}{v_x}\right)\right]\right\}df \tag{4.4.6}$$

式中：PAD——路噪度，精确到 2 位小数；

f_h——声压频率上界，取值为 1 000Hz；

f_1——声压频率下界，取值为 100Hz；

PCA——主成分分析，取第一主成分；

FFT——傅立叶变换；

f_w——路噪计权滤波函数；

L_x——v_x 速度下的声压级(dB)；

a——温度修正系数，取值为 0.02dB/℃；

T——测量时现场实测气温(℃)；

T_{re}——标准气温，取值为 20℃；

b——速度修正系数，取值为 2.79dB；

v_n——标准速度，取值为 80km/h；

v_x——当前行驶速度(km/h)。

4.4.7 路噪计权滤波函数 f_w 应按式(4.4.7)计算：

$$f_w = \frac{(2\pi f_c)^5}{(2\pi f_c)^5 + 3.326\,1(2\pi f_c)^4 f + 5.236\,1(2\pi f_c)^3 f^2 + 5.236\,1(2\pi f_c)^2 f^3 + 3.326\,1(2\pi f_c)^1 f^4 + f^5}$$

$$\tag{4.4.7}$$

式中：f_w——路噪计权滤波函数；

f_c——滤波计权频率，取值为 2kHz；

f——声压频率(Hz)。

4.4.8 路噪指数 PAI 应按式(4.4.8)计算：

$$PAI = \frac{100\alpha}{1 + \beta \cdot \exp(\gamma \cdot PAD)} \tag{4.4.8}$$

式中：PAI——路噪指数，精确到 2 位小数；

α——公路等级系数，对于高速公路和一级公路，取值为 1；对于其他等级公路，取值为 1.13；

β、γ——路面类型系数，β 对于沥青路面取值为 0.045，水泥路面取值为 0.075；γ 对于沥青路面取值为 0.081，水泥路面取值为 0.058。

4.4.9　路面表面质量指数 PSQI 应按式(4.4.9)计算：

$$PSQI = w_{pji} \cdot PJI + w_{pai} \cdot PAI \tag{4.4.9}$$

式中：PSQI——路面表面质量指数，精确到 2 位小数；

w_{pji}——PJI 在 PSQI 中的权重，取值为 0.65；

w_{pai}——PAI 在 PSQI 中的权重，取值为 0.35。

条文说明

w_{pji} 和 w_{pai} 的取值由编制单位经过大量测试、研究与验证后得出。

4.5　数据处理

4.5.1　检测工作结束后，应及时备份原始检测数据，并应根据现场检测工作记录核实原始检测数据的有效性、完整性。

4.5.2　应按本标准规定对原始检测数据进行汇总与处理。

5 公路路面表面质量评定

5.1 检测单元划分

5.1.1 公路路面表面质量检测宜以 1 000m 为基本检测单元。

5.1.2 检测单元宜按整千米桩号分段;非整千米且大于或等于 100m 宜作为单独的检测单元,小于 100m 可并入相邻的检测单元。

5.2 评定要求

5.2.1 公路路面表面质量评定应以检测单元为基本评定单元。

5.2.2 公路路面表面质量评定应按下列顺序进行:
1 对各评定路段的所有检测单元分别进行 PJI 和 PAI 计算评定。
2 对各评定路段的所有检测单元分别进行 PSQI 计算评定。
3 对各评定路段进行 PSQI 汇总计算。

5.3 路面表面质量检测评定等级

5.3.1 路面表面质量检测评定结果应分为优、良、中、次、差五个等级,等级划分标准应满足表 5.3.1 的要求。

表 5.3.1 评定等级划分标准

评定指标	优	良	中	次	差
PSQI、PJI、PAI	≥90	≥80,＜90	≥70,＜80	≥60,＜70	＜60

5.4 综合评定

5.4.1 检测单元 PSQI 应按式(4.4.9)计算确定。

5.4.2 在进行路面表面质量评定时,应采用评定路段所包含的所有检测单元 PSQI 的里程加权平均值作为该评定路段的 PSQI 值。其中，对按上、下行划分检测单元的评定路段，应先按上、下行分别统计 PSQI，然后将上、下行统计结果的平均值作为评定路段的 PSQI 值。

5.4.3 应按表5.3.1的规定确定各检测路段的公路路面表面质量等级；应统计检测路段中各检测单元的 PSQI 及分项指标的优、良、中、次、差的长度，以及优等路率、优良路率、次差路率比例。

5.5　报告

5.5.1　报告应包括下列内容：

1　检测路段信息（检测时间及检测期内天气情况、桩号、长度等）。
2　检测设备型号及性能（标准轮胎信息、检测车辆型号、路噪仪和颠簸仪校检情况等）。
3　数据分析与处理。
4　路面表面质量指数 PSQI 评定结果。
5　路面表面质量评定明细表（格式见本标准附录 E）。
6　路面表面质量评定汇总表（格式见本标准附录 F）。

附录 A   颠簸度仪等速重复性试验方法

A.0.1   应选择三段路面长度至少为 500m 的平直试验路段,其路面技术状况指数 PQI 范围分别在 0～60、60～80 和 80～100,在路段起终点位置设置明显的标志。

A.0.2   应以 80km/h 速度检测 3 个试验路段,分别重复试验 10 次,计算出颠簸度 PJD_i。

A.0.3   应按式(A.0.3-1)和式(A.0.3-2)计算颠簸度变异系数C_v:

$$S = \sqrt{\frac{\sum_{i=1}^{n}(PJD_i - \overline{PJD})^2}{n-1}} \qquad (A.0.3\text{-}1)$$

$$C_v = \frac{S}{\overline{PJD}} \times 100 \qquad (A.0.3\text{-}2)$$

式中:S——标准差;

PJD_i——实测颠簸度值;

$\overline{PJD}$——实测颠簸度算术平均值;

n——测量次数;

C_v——颠簸度变异系数。

附录 B 颠簸度仪不同速度重复性试验方法

B.0.1 应选择一条路面长度500m的平直试验路段，其路面技术状况指数 PQI 范围在 80～100，在路段起终点位置设置明显的标志。

B.0.2 应以60km/h、100km/h 速度分别检测试验路段，每种速度重复测量5次，分别计算出两种速度下的颠簸度平均值。

B.0.3 应按式（B.0.3）计算速度影响误差：

$$I_v = \frac{|PJD_{100} - PJD_{60}|}{PJD_{60}} \times 100 \qquad (B.0.3)$$

式中：I_v——速度影响误差（%）；

PJD_{100}——速度为100km/h 时的颠簸度平均值；

PJD_{60}——速度为60km/h 时的颠簸度平均值。

附录 C　路噪度仪等速重复性试验方法

C.0.1　应选择三段路面长度至少为 500m 的平直试验路段,路面技术状况指数 PQI 范围分别在 0~60、60~80 和 80~100,在路段起终点位置设置明显的标志。

C.0.2　应以 80km/h 速度检测 3 个试验路段,分别重复试验 10 次,计算出路噪度 PAD_i。

C.0.3　应按式(C.0.3-1)和式(C.0.3-2)计算路噪度变异系数 C_v:

$$S = \sqrt{\frac{\sum_{i=1}^{n}(PAD_i - \overline{PAD})^2}{n-1}} \qquad (C.0.3\text{-}1)$$

$$C_v = \frac{S}{\overline{PAD}} \times 100 \qquad (C.0.3\text{-}2)$$

式中:S——标准差;

　PAD_i——实测路噪度值;

　$\overline{PAD}$——实测路噪度算术平均值;

　n——测量次数;

　C_v——路噪度变异系数。

附录 D　路噪度仪不同速度重复性试验方法

D.0.1　应选择一条路面长度 500m 的平直试验路段,其路面技术状况指数 PQI 范围在 80～100,在路段起终点位置设置明显的标志。

D.0.2　应以 60km/h、100km/h 速度分别检测试验路段,每种速度重复测量 5 次,分别计算出两种速度下的路噪度平均值。

D.0.3　应按式(D.0.3)计算速度影响误差:

$$I_v = \frac{\left| PAD_{100} - PAD_{60} \right|}{PAD_{60}} \times 100 \tag{D.0.3}$$

式中:I_v——速度影响误差(%);

　PAD_{100}——速度为 100km/h 时的路噪度平均值;

　PAD_{60}——速度为 60km/h 时的路噪度平均值。

附录 E 路面表面质量评定明细表

表 E 路面表面质量评定明细表

所属政区：　　　　　　　路线编码名称：　　　　　　　技术等级：　　　　　　　路面类型：　　　　　　　检测方向：　　　　　　　年　月　日

起点桩号	终点桩号	评定长度 (m)	经度		纬度		PSQI	PSQI 分项指标评定结果			分项指标	
			起	止	起	止		PAI	PJI	PAD	PJD	
合计												

第　　　页　总　　　页

附录 F 路面表面质量评定汇总表

表 F 路面表面质量评定汇总表

所属政区：　　　　　主管单位：　　　　　年　月　日

路线编码	路线名称	起点桩号	评定长度（km）	调查方向	技术等级	路面类型	经度		纬度		PSQI	PSQI分项指标评定结果		PSQI分布（km）					PSQI统计（%）		
							起	止	起	止		PAI	PJI	优	良	中	次	差	优等路率	优良路率	次差路率
				全幅																	
				上行																	
				下行																	
合计																					

第　　页　总　　页

本标准用词用语说明

1 本标准执行严格程度的用词,采用下列写法:

1)表示很严格,非这样做不可的用词,正面词采用"必须",反面词采用"严禁"。

2)表示严格,在正常情况下均应这样做的用词,正面词采用"应",反面词采用"不应"或"不得"。

3)表示允许稍有选择,在条件许可时首先应这样做的用词,正面词采用"宜",反面词采用"不宜"。

4)表示有选择,在一定条件下可以这样做的用词,采用"可"。

2 引用标准的用语采用下列写法:

1)在标准总则中表述与相关标准的关系时,采用"除应符合本标准的规定外,尚应符合国家和行业现行有关标准的规定"。

2)在标准条文及其他规定中,当引用的标准为国家标准和行业标准时,表述为"应符合《××××××》(×××)的有关规定"。

3)当引用本标准中的其他规定时,表述为"应符合本标准第×章的有关规定""应符合本标准第×.×节的有关规定""应符合本标准第×.×.×条的有关规定"或"应按本标准第×.×.×条的有关规定执行"。